新车诞生记

杜小芳　编著

人民交通出版社股份有限公司

北京

内 容 提 要

本书以一辆新车的诞生为出发点，以绘本的形式阐述汽车如何在众多汽车设计人员、汽车检测人员、汽车生产人员的层层打磨下，完成从初始构想到投产的全部生产环节。全书主要以新车型规划、概念车开发、工程设计、验证样车、汽车投产五个环节展开叙述。

本书既可以作为青少年了解汽车生产相关环节的科普读物，也可以作为对汽车设计、汽车生产等感兴趣的人士的知识读本。

Xinche Dansheng Ji

书　　名：新车诞生记
著 作 者：杜小芳
责任编辑：李　良
责任校对：席少楠　卢　弦
责任印制：刘高彤
出版发行：人民交通出版社股份有限公司
地　　址：(100011) 北京市朝阳区安定门外外馆斜街 3 号
网　　址：http://www.ccpcl.com.cn
销售电话：(010) 59757973
总 经 销：人民交通出版社股份有限公司发行部
经　　销：各地新华书店
印　　刷：北京市密东印刷有限公司
开　　本：787×1092　1/16
印　　张：2.75
字　　数：47千
版　　次：2022年7月　第1版
印　　次：2022年7月　第1次印刷
书　　号：ISBN 978-7-114-17867-2
定　　价：20.00元

(有印刷、装订质量问题的图书由本公司负责调换)

图书在版编目 (CIP) 数据

新车诞生记 / 杜小芳编著. — 北京：人民交通出版社股份有限公司，2022.7
ISBN 978-7-114-17867-2

Ⅰ.①新… Ⅱ.①杜… Ⅲ.①汽车－青少年读物 Ⅳ.①U46-49

中国版本图书馆CIP数据核字(2022)第033930号

前　　言

汽车作为现代社会必不可少的交通工具，已经成为人类社会不断更迭进步的代表成果之一，自 19 世纪末，汽车已经走过了风风雨雨的一百多年。这一百多年，汽车发展的速度是如此惊人！我国的汽车产业发展较国外来说较晚，但发展势头很猛，如今我国已成为世界第一大汽车生产国，中国汽车工业已经成为世界汽车工业的重要组成部分。

汽车是一个复杂的工业化产品，从研发设计到量产出售给消费者是一个繁琐且漫长的过程，这当中包括市场调研、概念设计、工程设计、样车试验、量产等主要阶段，而汽车的制造过程又需要经过冲压、焊装、涂装、总装等工艺。对于更多的人来说，汽车如何从无到有还是比较陌生的。为了让更多的青少年朋友熟悉和了解汽车的设计、制造、检测与投产的相关知识，使他们能够知道汽车诞生环节的相关知识，我们编写了这本科普读物。

本书主要通过从新车型规划、概念车开发、工程设计、样车验证到汽车投产等全过程的介绍，让读者了解一辆汽车从概念车到新车诞生的详细过程。全书共包括五个环节，基本囊括了一辆汽车从初始构想到量产下厂的全部环节。本书创新性地采用连环卡通形式寓教于乐，借助图文方式，让读者在轻松、直观、有趣的场景中了解汽车诞生的秘密。本书既可以作为青少年的科普读物，也可以作为对汽车设计、汽车生产等感兴趣的人士的专业知识读本。

本书由武汉理工大学杜小芳副教授编著，由北京全华科友文化发展有限公司负责插图绘制工作。

由于编者水平有限，书中难免有不妥和错误之处，恳请广大读者批评指正。

编　者
2022 年 3 月

目 录
CONTENTS

环节一 / 新车型规划

环节二 / 概念车开发

环节三 / 工程设计

环节四 / 验证样车

环节五 / 汽车投产

环节一　新车型规划

汽车研发中心正在规划新车型。

首先，研发中心下属各部门的总监进行交流，发表对新车型不同方案的看法。

研发中心的产品规划部展开市场调研。通过分析新车型在目标市场中所具备的优劣势来考量其可行性，并据此确定新车型的开发方向。

调研工作包括收集宏观环境、行业环境、潜在用户特征、竞争对手等方面的信息。

研发中心的汽车分析团队编制《项目可行性研究报告》，为新车型的"诞生"给予专业方面的项目分析和风险评估。

环节二　概念车开发

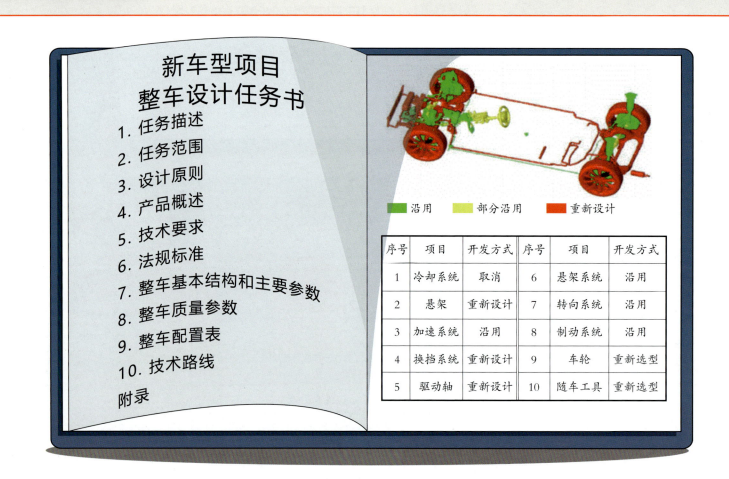

接下来，一款新车型正式进入到概念开发阶段。

在设计工作正式开始之前，汽车工程师们需要编制设计任务书。设计任务书中包含了汽车型谱规划、汽车部件设想及功能特征描述、整车参数控制、产量份额、颜色匹配等方面的定义，也对汽车的各项指标进行了具体的量化。

完成设计任务书的编制工作之后,工程师们就像拿到了"探险地图"。

"探险"的第一步,需要设计新车型的人体工程布置和汽车总布置。

在一款全新汽车的设计过程中,整车与总成的布置设计要同时进行,并逐步完善,最后得到合理且能适应和满足整车的性能和布置要求的方案。底盘总布置设计是汽车总布置设计的核心工作之一。

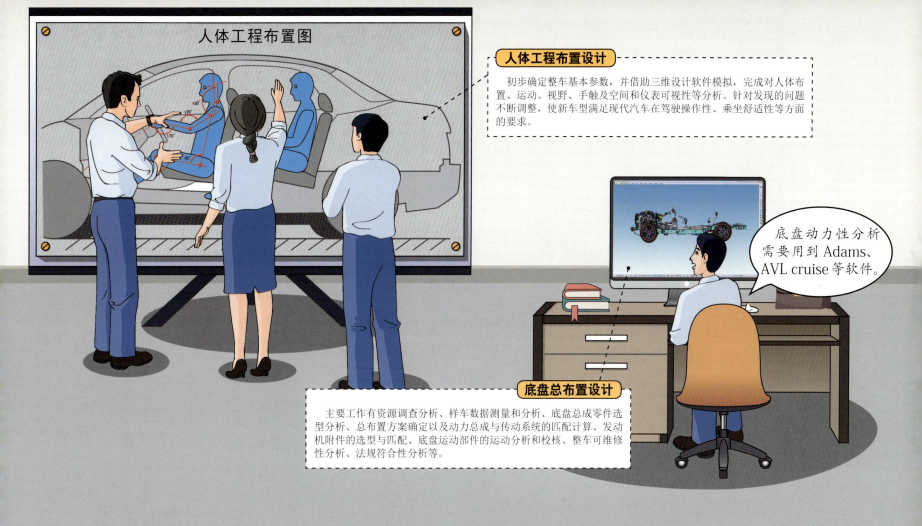

底盘总布置设计工作需要首先根据车身的相关边界条件和各总成的布置要求，来确定各总成的布置硬点，然后再根据布置位置绘制整车总布置图。布置硬点包括控制点、控制线、控制面和控制结构，这些硬点可以保证好零部件间的协调与装配，以及造型风格要求。

汽车造型设计师根据总布置设计所定出的汽车尺寸和基本形状，细化、优化所优选出来的方案，并完善好细节设计，勾画出汽车效果图。

从最初的草图到参加评审，再到最终的批准展示，在效果图一遍又一遍地修改完善后，一辆新款车距离它的"出生落地"又前进了一步。

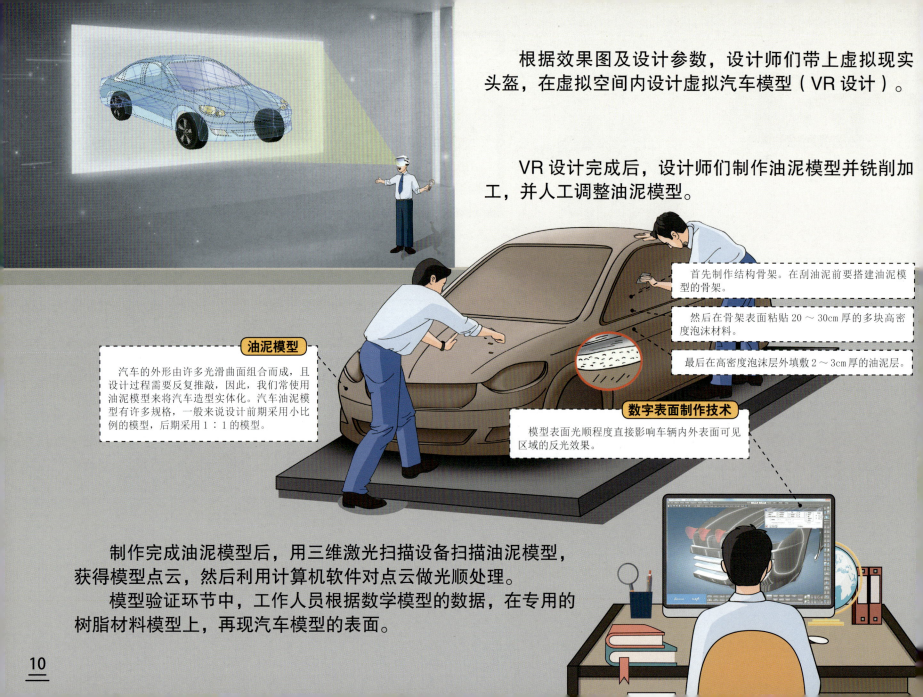

制作概念样车会使用真材实料。区别于量产车,概念样车通常在没有充足的实物零件及充分的工程信息条件下,手工制作完成。制作过程中会使用大量的"模型"零件,成本很高。

环节三　工程设计

制作完成概念样车后,便进入了工程设计阶段。

在汽车底盘平台的基础上，工程师们可以设计出整台车的架构，包括汽车的长度、宽度、高度等。除基本参数外，汽车内部的各种系统设备与布线规则等都可以在汽车底盘平台上设计。

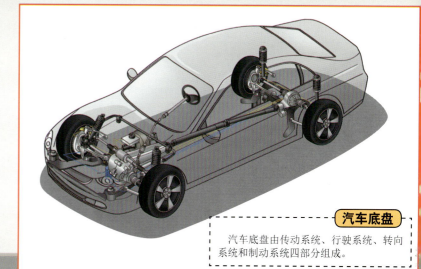

汽车底盘

汽车底盘由传动系统、行驶系统、转向系统和制动系统四部分组成。

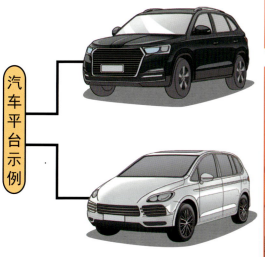

汽车平台示例

汽车平台

汽车平台是由汽车制造厂商设计的、几个车型共用的产品平台，与车辆的基本结构紧密相关。出自同一平台的不同车辆具有相同的结构要素。

底盘是汽车的主要组成部分之一，而平台化则是一种产品研发策略。在平台化策略中，底盘平台化是重要组成部分，但并不是全部。

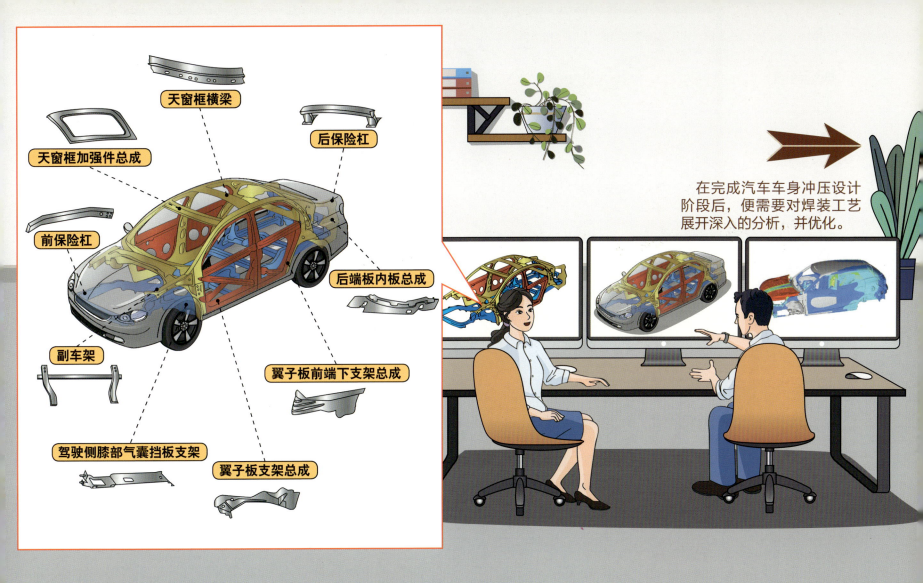

在完成汽车车身冲压设计阶段后,便需要对焊装工艺展开深入的分析,并优化。

为了提高样车最终投产的成功率,在车身设计时就需要全面考虑冲压成型工艺。

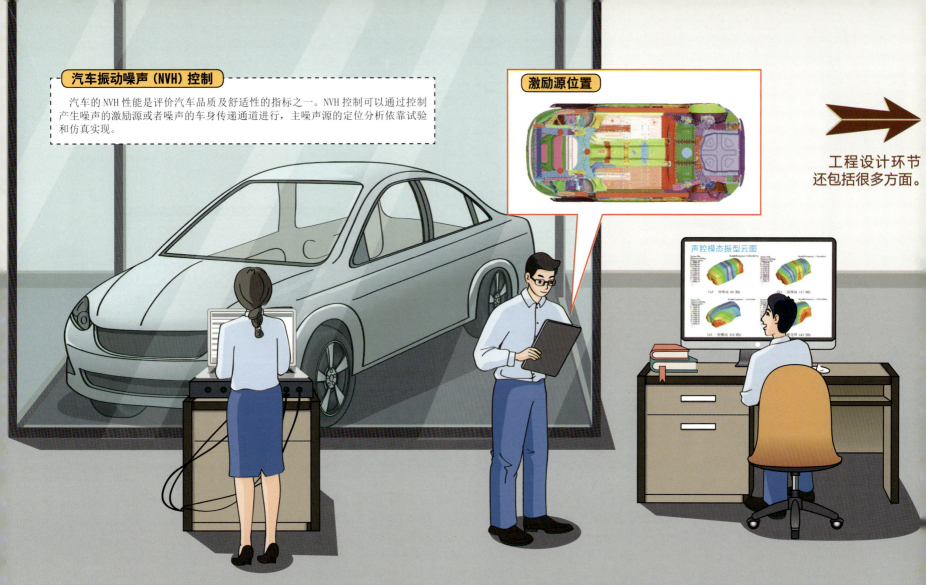

汽车振动噪声（NVH）控制

汽车的 NVH 性能是评价汽车品质及舒适性的指标之一。NVH 控制可以通过控制产生噪声的激励源或者噪声的车身传递通道进行，主噪声源的定位分析依靠试验和仿真实现。

激励源位置

工程设计环节还包括很多方面。

声腔模态振型云图

在车身被动降噪过程中，可以借助先进的声场和声强检测仪器，完成主噪声源的定位分析、车身密封降噪结构及绝缘设计工作，实现消减主噪声传播、减小驾驶室内的噪声。

车身附件结构设计及选型、车身运动件的运动分析十分重要,它可有效检查机构的死点和机构间干涉,以保证运动机构布置的合理性。

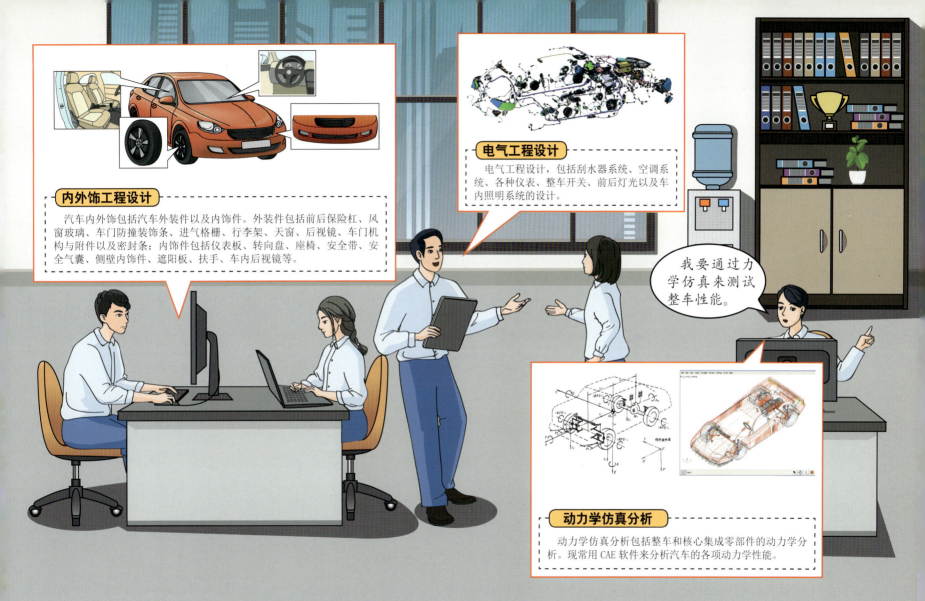

环节四　验证样车

试制策划	试制准备	试制验证	试制结果	结果应用
1. 样车数量及状态策划 2. 试制周期及控制节点策划 3. 工艺方案及过程控制方案策划 4. 零部件采购、质量控制及存储方案策划 5. 试制费用策划 6. 智能职责界定	1. 试制技术资料准备 2. 生产准许单的下发 3. 工艺文件设计 4. 专用件采购 5. 通用件采购 6. 标准件采购 7. 零部件质量控制 8. 装配工具、材料准备 9. 人员、时间安排	1. 零部件配送 2. 样车装配 3. 问题反馈 4. 过程评审 5. 整车动静态检验 6. 设计评审 7. 质量评审 8. 问题整改 9. 每日召开项目总结会	1. 试制样车交付 2. 试制过程中问题反馈 3. 试制总结报告 4. 专用件检验报告 5. 试制费用结算 6. 试制质量确认材料	1. 试制样车进行后续试验 2. 试制过程发现问题封闭管理 3. 通过试制验证后对工艺文件修订，为批量生产服务

进入工程验证阶段，意味着已经到达汽车能否顺利投产的关键时刻。

这时，汽车工程设计师们开始抓紧制造工程验证样车，用以进行整车和系统工程设计验证、耐久性和碰撞验证。

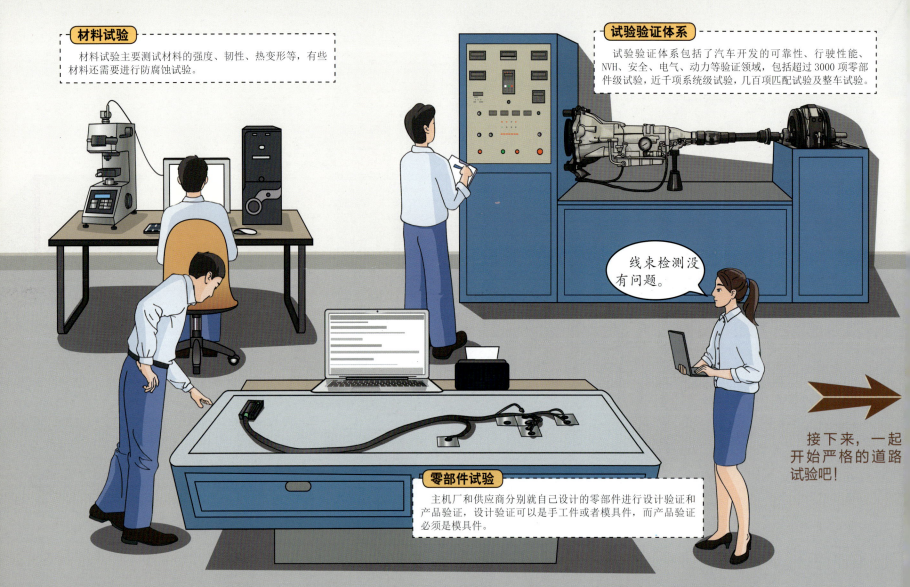

汽车道路可靠性试验也是考核新车性能的重要指标。

试验室试验

主要是指室内台架试验，它不受环境的影响，且可全天候工作，因此特别适合于汽车性能的对比试验和可靠性、耐久性试验。

试车场试验

在试车场内可不受道路交通影响的情况下完成汽车各项性能试验，尤其是汽车的可靠性、耐久性试验及环境适应性试验。由于在试车场上可以进行高强化水平的试验，因此，可以大大地缩短试验周期。

| 高速环道 | 涉水路 | 卵石路 |
| 搓板路 | 爬坡路 | 扭曲路 |

室外道路试验

汽车在道路上进行实际行驶试验是汽车试验工作的一个不可缺少的环节。

道路可靠性试验常在试验室、试车场、室外道路的环境下进行。

试车场是新型汽车和特种车辆进行质量、性能和耐久性测试的大型专用基础设施,其中高速环道是试车场的核心设施,用于检验车辆的高速行驶性能。

高速环道测试场

场内山路测试也是测试汽车性能的关键环节。由于汽车在此环境下制动较频繁,因此主要测试整车的制动系统性能。场内山路可靠性试验主要完成整车制动系统的匹配性测试、车辆制动效果是否疲软检测、制动器的耐磨性能验证、是否存在制动器热衰退测试,同时也验证汽车其他零部件强度是否满足可靠性要求。

场内山路测试

场内山路有一号和二号两种。一号场内山路的路面由沙石铺装;二号场内山路形状呈蛇形,主要由起伏路、坡道路和山脊路组成。

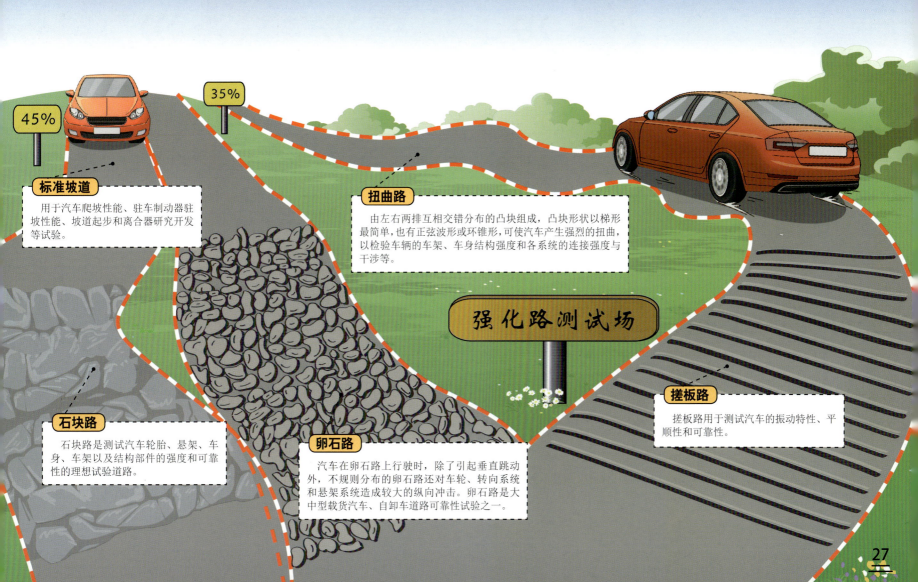

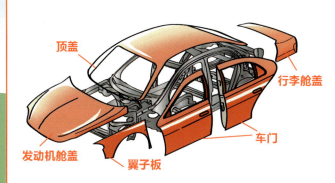
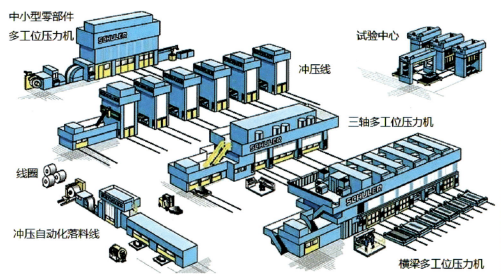

汽车冲压工艺

冲压是将钣金件按照设计要求，使用模具冲压成型的过程。冲压的零部件包括：发动机舱盖、左／右前翼子板、左／右侧外板、侧围后部（左／右后翼子板）、车门、顶盖、行李舱盖、底板、前围板等。

冲压是汽车生产的第一道工艺，自动化程度较高。

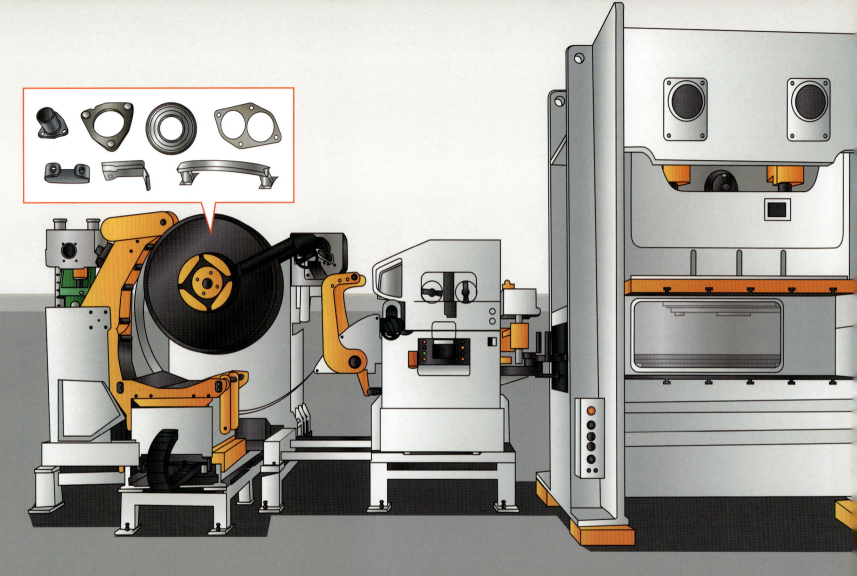

冲压似乎离我们很远，但其实就在我们身边。小到餐厅托盘、手机外壳，大到防盗门板，都需要用到冲压工艺。简单来说，一块板料经过模具的挤压，就形成了我们想要的形状。汽车冲压实际是"一块钢板的神奇之旅"。

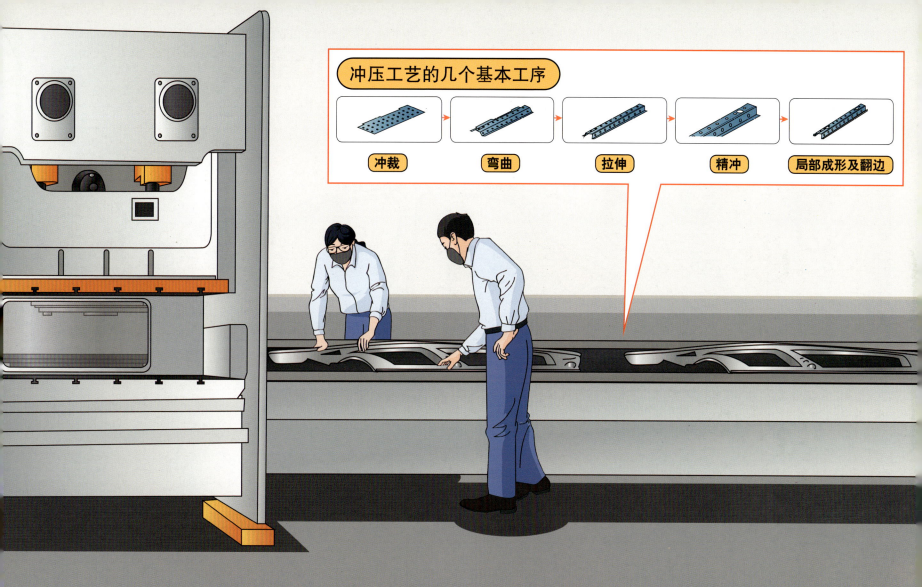

车身焊装工艺

车身焊装工艺是将冲压成型的车身各组件组装成一个完整白车身,其内容主要有焊接、滚/折边、涂胶、合装、返修等。

车身焊装工艺是汽车整车投产制造环节中的重要阶段之一。汽车车身,尤其是轿车车身的制造工艺,采用了大量的高新技术,例如大量的焊接机器人和自动化焊装设备已成为汽车车身焊装生产线的核心设备。

汽车车身包括了车身壳体、车门、车窗、车前钣制件、车身内外装饰件和车身附件、座椅等，在货车和专用汽车上还包括车厢和其他装备。采用现代自动化焊接装备对各个部件进行焊接、拼接，便是汽车车身焊装环节的基本任务。

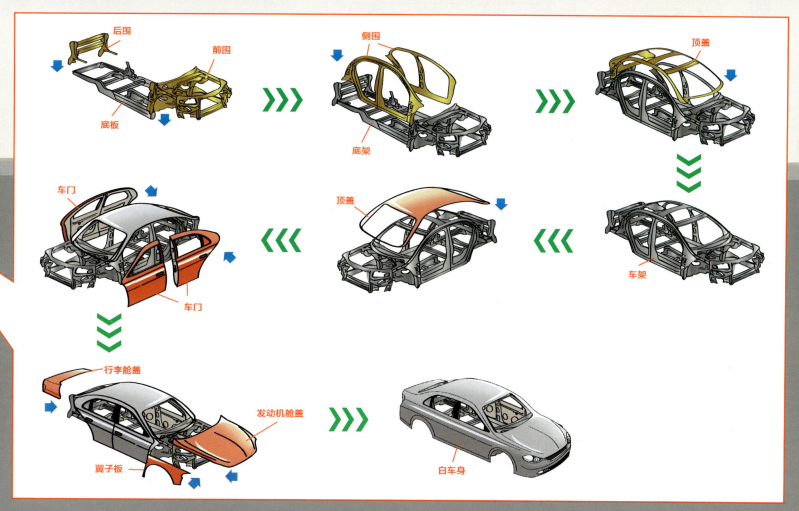

涂装工艺是轿车批量生产的特殊工艺，其水平的高低直接影响轿车产品的外观质量、整车寿命以及消费者对产品的购买欲望。

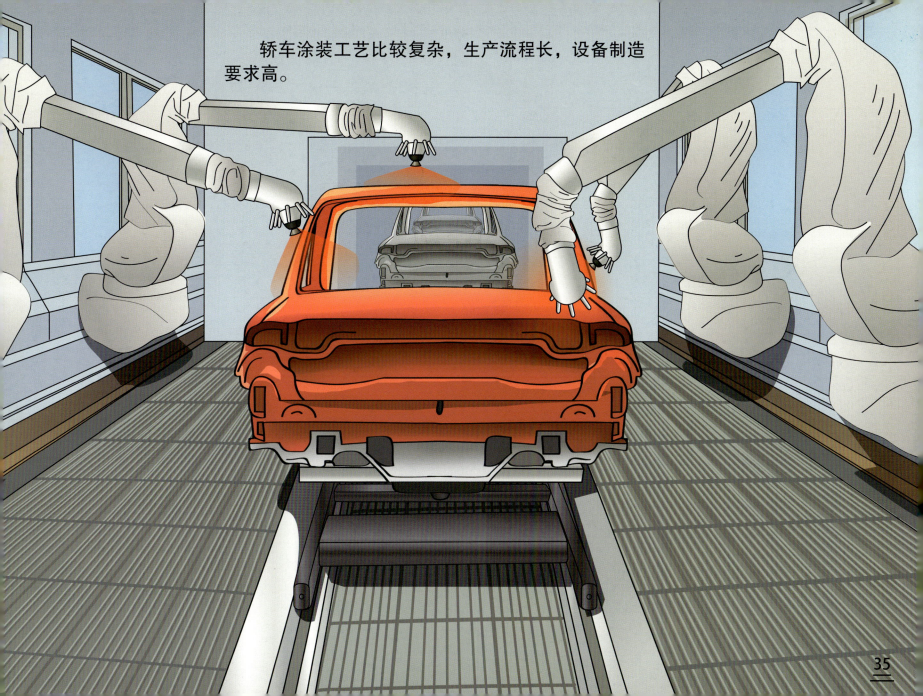

轿车涂装工艺比较复杂,生产流程长,设备制造要求高。

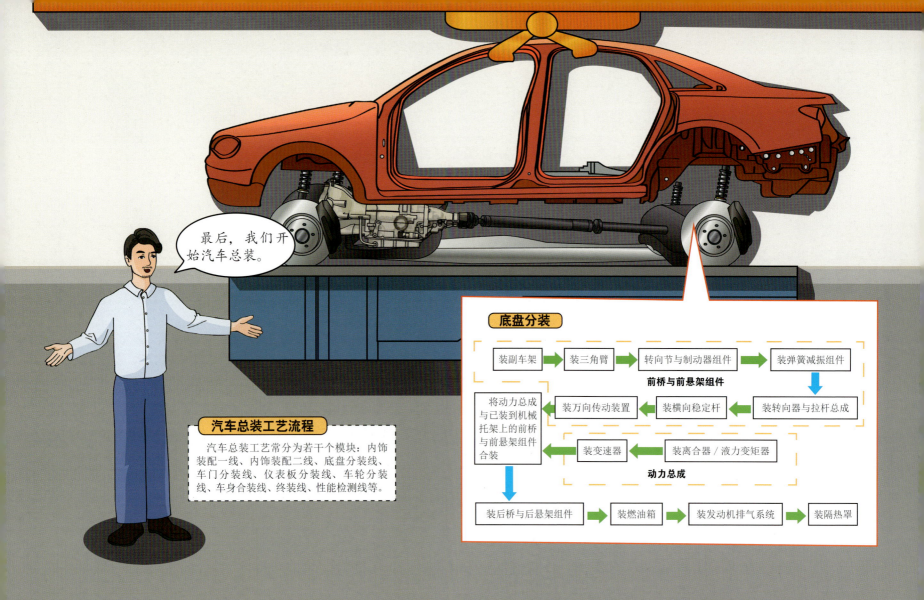

好不容易组装完成了！但新车仍需要完成一连串的严格测试后，才能算是完全"诞生"。

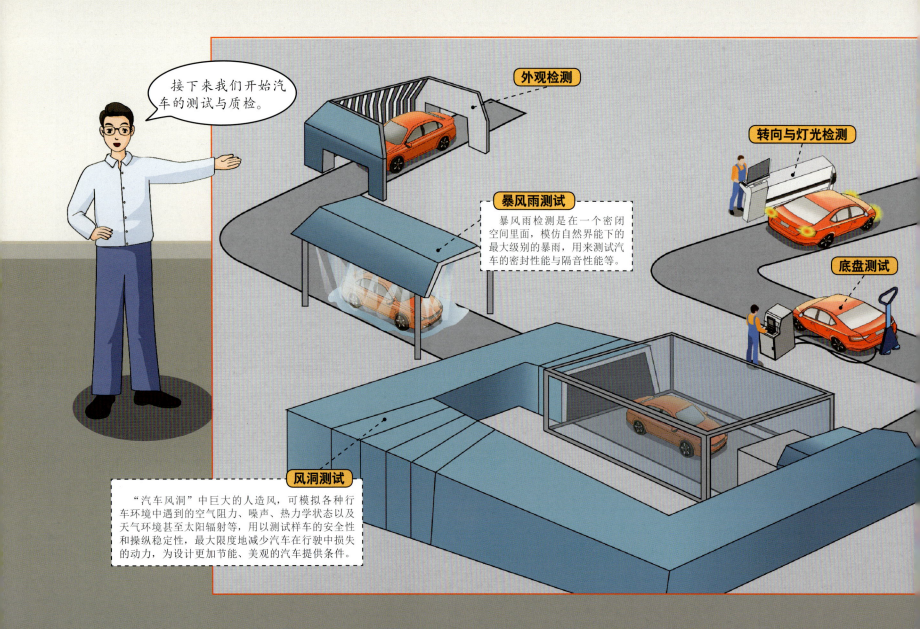

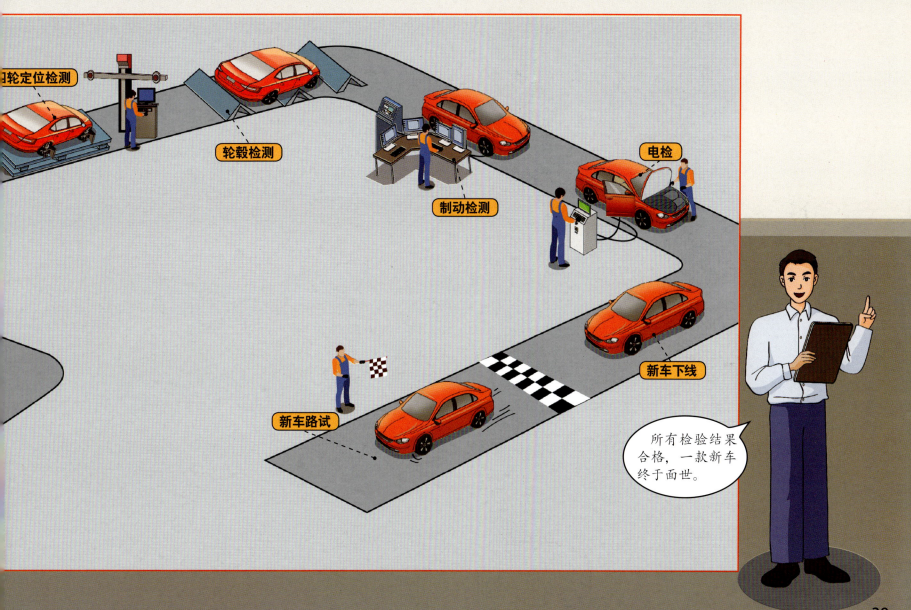